JN026308

キャリア教育に活きる！

センパイに聞く

仕事ファイル

46

AI
の仕事

生成AI活用アプリの開発者
AI開発支援アプリの開発者
内視鏡AI開発者
配膳ロボットの企画担当者
AI専門メディア編集長

小峰書店

小峰書店 編集部 編著

㊹ AIの仕事

Contents

※この本に掲載している情報は、2024年4月現在のものです。

生成AI活用アプリの開発者

Developer of Generative AI Utilization Application

picon
山口翔誠さん
創業9年目 28歳

文章やイラストを
生成するAIを
手軽に使えるアプリを
開発しました

コミュニケーションアプリ「LINE」上で、AI※に知りたいことやほしいイラストについてのメッセージを送ると、数秒から数分の間に文章やイラストを作成してくれるアプリがあります。アプリを開発した、picon代表の山口翔誠さんにお話を聞きました。

用語 ※AI ⇒人工知能のこと。人間の脳をまねた仕組みによって学習することができるコンピューターシステム。

用語 ※生成AI ⇒学習したデータから、文章や画像など新しい別のデータを生み出す人工知能。

Q 生成AI活用アプリの開発者とはどんな仕事ですか？

だれもが気軽に生成AI※を使うことができるアプリを開発する仕事です。開発した「AIチャットくん」は、生成AIの一種、ChatGPT※を利用したアプリです。LINE上で「AIチャットくん」を友だち追加してメッセージを送ると、AIが返事をしてくれるというサービスです。文字を入力すると自動でイラストを生成するアプリ「AIイラストくん」のほか、手軽に占いを楽しめる「AI占いくん」も提供しています。

私は、ChatGPTの便利さを知ったときに、AIやパソコンにくわしくない人でも簡単に楽しく使えるアプリがあれば、AIが人々にもっと身近になると思いました。そこで、2023年春に、ともにpiconを創業した友人と開発しました。

アプリ開発者としての私の仕事は、スマートフォンを使って楽しめるアプリを企画し、使いやすくなるように画面をデザインして、正しく動くようにプログラムを書くことです。AIを使えばすぐにプログラムの下書きができるので、社長業でいそがしくても、開発を進めることができます。

AIを仕事の相棒にすれば、作業が格段にはかどります。人に話しにくい悩みやぐちも相手がAIなら言いやすいですし、人間が話しているような自然な返事で心を満たしてくれます。これらのAIのよさと可能性を広く知ってもらうことで、人間がAIと共存する未来をつくりたいと考えています。

ただ、AIは悪い使い方もできてしまいます。人をだます、権利を侵害するなどのまちがった使い方ができないように整備するのも、私たちアプリ開発者の責務だと思っています。

山口さんのある1日

10:00	出社。1日の仕事の計画を立て、ニュースを読んで情報を得る
12:00	社員とランチ
13:00	新しいアプリのデザインを考える
15:00	近所を散歩してリフレッシュする
16:00	サービスの企画や開発をする
19:00	会社の会議の後、外部スタッフとオンライン打ち合わせ
21:00	新しいサービスや会社の未来について考える
22:00	退社

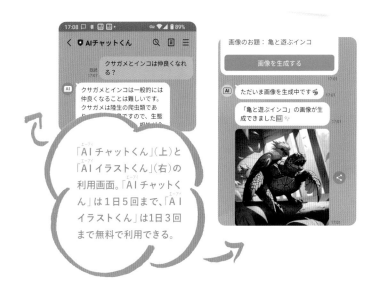

「AIチャットくん」（上）と「AIイラストくん」（右）の利用画面。「AIチャットくん」は1日5回まで、「AIイラストくん」は1日3回まで無料で利用できる。

「AIチャットくん」のサービスの仕組み

piconは、ChatGPTを組みこんだ自動応答アプリ「AIチャットくん」を開発し、コミュニケーションアプリ「LINE」で使えるサービスとして提供している。ChatGPTとLINE両社のサービスを使用し、ユーザー（使用者）に提供する仕組みだ。これにより、ユーザーはふだん友だちとやりとりする感覚でAIを利用できる。2023年3月の提供開始から約半年間で250万人が登録している。

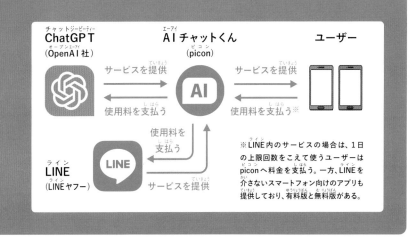

※LINE内のサービスの場合は、1日の上限回数をこえて使うユーザーはpiconへ料金を支払う。一方、LINEを介さないスマートフォン向けのアプリも提供しており、有料版と無料版がある。

用語　※ChatGPT⇒アメリカのOpenAI社が開発したAIを使った文章生成サービス。従来のものよりも、自然な文章による回答が返ってくる。

仕事の魅力

Q どんなところがやりがいなのですか？

自分のつくったアプリを使ってもらうことで、人々の生活をより豊かに、楽しくできるところです。「AIチャットくん」はテレビや新聞、SNSなどで取り上げてもらうことも多く、AIに問いかけることで毎日の献立づくりが楽になったなど、利用者の声を聞くことができてとてもうれしかったです。

印象的だったのは、まわりに相談できる友だちがいないという子が、「AIチャットくん」に悩みを打ち明けたら気持ちが軽くなって元気が出ました、とわざわざ会社にお礼のメッセージをくれたことです。AIというと無機質に思われがちですが、人の気持ちを救うこともできるんだと実感でき、このアプリをつくってよかったと思いました。

会社の自分の席でプログラミング作業をする山口さん。「音楽を聴きながら作業することが多いです」

企画中のアプリのデザインを考えているところ。「一時的なメモなので、すぐ捨ててもいいように、A4サイズのコピー用紙に書きます」

Q 仕事をする上で、大事にしていることは何ですか？

「自分が好きなこと、わくわくすること」をすることです。私は、自分のつくったものやアイデアでだれかの日常をよりよくできるとわくわくするので、「AIチャットくん」の利用者の声はとてもはげみになります。人生のなかで仕事をしている時間の割合は大きいので、自分の好きなことをして、毎日楽しみながら働きたいと思っています。

また、AIもふくめて仕事仲間が大事です。ひとりでできる仕事量には限界があるので、アプリの人気が出て会社の規模が大きくなるにつれ、仲間のありがたみをより感じています。

Q なぜこの仕事を目指したのですか？

昔から、自分の生み出したものでだれかに喜んでもらうこと、おもしろいと感じてもらうことが好きでした。乗り物でも道具でも、何でもよいので何かを発明したいと思っていたんです。中学生になって初めてインターネットにふれたとき、ネット上のサービスなら特殊な道具や知識、経験がなくとも、プログラミングさえできれば多くの人を喜ばせる発明ができると知りました。そこで、インターネットサービスを仕事にしたいと考えるようになったんです。

中学生・高校生のころは、技術の授業で習った知識と、こう入力するとこう動く、という体当たりのプログラミングを試すことで、ブログやホームページをつくっていました。

制作中の新しいアプリのデザインについて、スタッフと意見交換する。「人それぞれの視点があるので、大切な工程ですね」

Q 今までに どんな仕事をしましたか？

大学生のときに、2年間休学してインターンシップ※でふたつのインターネットサービス会社に行き、働きながらプログラミングやデザインの勉強をしました。一社ではいろいろな企業のWEBサイトをつくる仕事をし、もう一社では健康管理に役立つアプリを開発しました。

大学は文系の学部だったこともあり、プログラミングをほとんど習っていなかったので勉強になりました。会社の仕事をした後にオフィスにあるパソコンを使わせてもらい、プログラミングの勉強をしました。会社に寝泊まりするほどいそがしかったのですが、毎日が充実していましたね。「自分がやりたいのは大学の勉強よりこっちだな」と思い、大学を中退して友人といっしょに起業しました。

起業後は、学校のコミュニティーを中心にして同級生や卒業生とつながることができるアプリや、はなれた場所にいる友だちとそれぞれのスマートフォンで同じ動画を同時に観ながら通話できるアプリなどをつくりました。反響はありましたが、「AIチャットくん」を発表するまでは企業として利益を出すところまでなかなかいかず、難しかったです。

・ イヤホン ・

・ ノートパソコン ・

・ クエン酸 ・

PICKUP ITEM

いつでもどこでも作業ができるように、ノートパソコンは必需品。オンラインミーティングも多いので、イヤホンも欠かせない。また長時間の作業などで疲れたときには、体内の疲労物質を分解する働きのあるクエン酸をなめて元気を出す。

Q 仕事をする上で、難しいと感じる部分はどこですか？

新しいサービスをつくろうとしても、なかなかうまくいかない点です。私も、起業して数年間は失敗の連続で、大学時代の同級生が就職して仕事の成果を出すなか、自分はこの仕事に向いていないのではないかと自信を失った時期もありました。「AIチャットくん」を出す直前には、共同創業者との間で「アプリ制作はあきらめて、べつの仕事に変えようか」という話も出るほどだったんです。あと3か月だけ続けてみよう、と言ってつくったのが「AIチャットくん」でした。

今は、アプリを使う人が増えれば増えるほど、AIの魅力と便利さを正しく広めることへの責任を感じます。それほど、AIは世界をがらりと変える画期的な技術だと感じています。

「海外でどんなAIのサービスが発表されたか、つねに情報を追いかけています」

Q この仕事をするには、どんな力が必要ですか？

自分が考えた未来を信じることができる力です。「こんなアプリがあったら世の中は必ずよくなる」という確信があったとき、自分がそれをどこまでも信じて、世の中の人にそれが受け入れられるまで挑戦し続けることができれば、うまくいくと思っています。多くの人はそこにたどり着くまでにあきらめて挑戦をやめてしまうから、「失敗した」という結果になるのだと思います。

創業1年目にはお金もなく、私も共同創業者も毎月5万円ほどのお金で暮らしていました。オフィスと自宅を兼用したせまい部屋をふたりで借りて寝泊まりし、スーパーの安売り品を食べながらすべての時間をプログラミングにあてる生活でした。それでも「ぼくたちはいつかたくさんの人が使ってくれるアプリをつくる」と思ってここまできました。

用語 ※ インターンシップ ⇒ 高校生、専門学生、大学生などが、将来の職場を選択するために、企業につとめる体験をすること。

毎日の生活と将来

Q 休みの日には何をしていますか？

気になることをパソコンで調べたり、話題のアプリやゲームなどにふれてみたりしています。それらに関連した企画を考えてみたくなることもあるので、会社が休業の日でも、結局、オフィスにいることが多いですね。「休日」というよりは「いつもより気軽に働く日」という感覚ですが、好きでやっていることなので苦にはなりません。

ほかには、サウナに行ったり、経営者仲間とフットサルをしながら日ごろの悩み相談や情報交換をしたりしていることが多いです。

「マーダーミステリーに参加しました。参加者が物語の登場人物になりきって、犯人や真相を推理していくゲームです」

「フットサルをしているところです。できるだけ毎週参加して、体を動かすようにしています」

Q ふだんの生活で気をつけていることはありますか？

多くの人に使ってもらえるアプリをつくるには、世間の流行に敏感になる必要があると思うので、いろいろなことに興味をもったり、体験したりするようにしています。

以前はひとりでアニメを観たりマンガを読んだりすることが多かったです。けれど同じことばかりしていると、その世界にとじこもってしまい、新しい情報が入らなくなると感じたので、最近はいろいろな体験をするようにしています。

先日、友だちがハマっているという「マーダーミステリー」に参加してみました。海外でも国内でも流行っているパーティーゲームです。AIとからめて何かビジネスで使えないかな、と思いながら遊んでいます。

	月	火	水	木	金	土	日
05:00							
07:00	睡眠	睡眠	睡眠	睡眠	睡眠	睡眠	
09:00							
11:00	出社・1日の作業確認 メールチェック	出社・1日の作業確認 メールチェック	出社・1日の作業確認 メールチェック	出社・1日の作業確認 メールチェック	出社・1日の作業確認 メールチェック		
13:00	ランチ	ランチ	ランチ	ランチ	ランチ	ランチ	休日
15:00	サービスの企画・開発	サービスの企画・開発	サービスの企画・開発	サービスの企画・開発	サービスの企画・開発	出社	
17:00						オフィスで仕事	
19:00	夕飯	夕飯	夕飯	夕飯	夕飯		
21:00	サービスの企画・開発	全体ミーティング	サービスの企画・開発	事業部ミーティング	外部との打ち合わせ	夕飯 ゲームやアニメなどでリフレッシュ	フットサル
23:00	勉強や考え事の時間 退社	勉強や考え事の時間 退社	勉強や考え事の時間 退社	勉強や考え事の時間 退社	勉強や考え事の時間 退社	退社	
01:00							休日
03:00	睡眠	睡眠	睡眠	睡眠	睡眠	睡眠	
05:00							

山口さんのある1週間

毎日オフィスへ出向き、勉強や考え事の時間もオフィスで過ごしている。この週は日曜日は仕事をせず、フットサルも楽しんだ。

Q 将来のために、今努力していることはありますか？

AIの技術は世界中で日々進化しているので、毎日、海外のAIを使ったサービスやアプリの最新技術について調べています。アメリカのニュースサイトや、AI関連のスタートアップ※のSNSから情報を得ることが多いです。

また、よりよい企画やデザインを生み出すために、自分の技術を高める勉強もしています。例えば、街を歩いていていいなと思う看板があったら、パソコンを使って同じようなデザインをつくってみます。他社のアプリで使いやすいものがあれば、どのようにして動かしているのか調べてみることもあります。こういった練習をしておくことが、のちのち実際の開発に活きてくると思っています。

右は、山口さんとともにpiconを立ち上げた渋谷幸人さん。「大学の起業サークルで出会いました」

「AIの最新情報は、書籍や雑誌でも得ることができます」

Q これからどんな仕事をし、どのように暮らしたいですか？

10年後、20年後はあらゆるところでAIと共存する生活になっていると思うので、AIに親しみをもって使ってもらえるような、AIと人間をなめらかにつなぐアプリを自分たちの手でつくりたいです。

そして、世界規模で使われるアプリやサービスを生み出したいです。FacebookやAmazonなど、現在世界中でサービスが使われているIT企業は、すべて海外の会社です。日本発信で、世界の人々の生活にとけこむようなサービスがつくれたらいいなと思っています。

AI活用アプリの開発者になるには……

必須の資格はありませんが、プログラミングの技術やソフトウェアなどに関する専門知識が必要になります。そのため、情報系の学部がある大学やAI技術について学べる専門学校に進むことをおすすめします。また、2022年度には国立の高等専門学校（高専）のうち42校が文部科学省によるAI教育プログラムなどの認定制度に認定されています。調べてみましょう。

```
    ┌──────────┐        ┌────────────┐
    │   高校   │        │ 高等専門学校 │
    └──────────┘        └────────────┘
         │
    ┌────────┐  ┌────────────────┐
    │  大学  │  │ IT関連の専門学校 │
    └────────┘  └────────────────┘
              │
  ┌──────────────────────────────────┐
  │ AIを使ったサービスを開発する会社へ就職 │
  └──────────────────────────────────┘
```

※ この本では、大学に短期大学もふくめています。

用語 ※ スタートアップ ⇒ 革新的なビジネスモデルで新たな市場を生み出す企業のこと。

子どものころ

Q 小学生・中学生のとき、どんな子どもでしたか？

中学校ではバレーボール部に入っていました。ただ私は、背が低く体が小さかったので、体を使って競うことやけんかではみんなにかなわないと思っていました。そのこともあり、頭を使うことや、インターネット関連のことが好きでした。

中学時代は、親からインターネットを禁止されており、携帯電話も買ってもらっていなかったので、携帯型のゲーム機をこっそりとインターネットにつないで楽しんでいました。人口の少ない地域で、人間関係も生活の範囲も自分のまわりのものだけで完結する生活だったので、インターネットで得られる情報がとても新鮮だったんです。世の中には、店員や公務員、農家の仕事のほかにもさまざまな仕事をする人がいること、近所のショッピングセンターで売っているもの以外にも数多くのものがあることを実感しました。

また、コツコツと勉強することが好きではなかったので、少しでも効率のよい勉強法を探すためにも、インターネットは役立ちました。中学生のころは、英語と数学は成績がよかったと記憶しています。

偉人の伝記を読むことも好きで、小学生のころからよく読んでいました。エジソンやライト兄弟の話が大好きで、本の影響で発明家になりたいと考えるようになりました。

山口さんの夢ルート

小学校 ▶ 発明家

エジソンやライト兄弟の伝記を読んで、発明家にあこがれた。

▼

中学校・高校 ▶ 発明家

発明家になりたい気持ちがますます強まった。

▼

大学 ▶ インターネットサービス開発者

インターネットでつながった世界の広さとおもしろさに惹かれて、インターネットのサービスを提供する仕事に就きたいと思った。

「飛行機を発明したライト兄弟の伝記は、くりかえし読みました。今でも宝物にしています」

中学生のころに使っていたゲーム機。インターネットにつなぐことで、世界の広さを知った。

中学時代のバレーボール部の試合で入賞したとき。前列、白のユニフォームを着ているのが山口さん。

Q 子どものころにやっておいてよかったことはありますか？

インターネットに出合えたことは、よかったと思います。世の中には、学校では習わないようないろいろな世界や選択肢が広がっていると知ることができました。

反対に学んでおけばよかったと思うのは、英語とプログラミングです。どちらも大人になってからでももちろん身につけられますが、小さいころから積み重ねていたら、もっとちがう世界が見えたのかなと思います。たまに小学生のときからプログラミングをやっていたというプログラマーと出会うのですが、そういう人の技術を目の当たりにすると、やっぱりすごいな、と感じます。

Q 中学のときの職場体験は、どこに行きましたか？

じゃんけんをして保育園へ行くことになり、3日間ほど通いました。選択肢が少なく、候補先には神社やスーパーなど生活圏内でいつも行く場所が多かったので、魅力を感じる体験先があまりありませんでした。保育園では子どもたちのお昼寝の寝かしつけなどをしました。学校で勉強しているより楽しいと思った覚えがあります。

近隣で会社を経営している卒業生が学校に来て、ご自身の仕事について講演をしてくれる機会もありました。

Q 職場体験ではどんな印象をもちましたか？

大人になったら働くということは理解していましたが、「仕事」とはどういうものか実感したことがなかったので、保育士の方が働く姿を見たり、話を聞いたりできたのは貴重な体験でした。だれかの役に立ち、その対価としてお金をもらうことが働くということなのだと、何となく理解できました。

いわゆる起業家という人物に会うのは講演を聞いたときが初めてで、新鮮でした。私の両親は公務員だったのですが、こういう働き方もあるのだな、と会社を経営することを少し身近に感じました。

Q この仕事を目指すなら、今、何をすればいいですか？

AIでどんなことができるのか、体験できる機会があれば使ってみてください。また、AIに関する世界の最新情報はほとんどが英語で書かれているので、英文を読めると便利です。まずは日本語のニュースでも構わないので、テクノロジー関連の情報にアンテナを張っておくといいと思います。

でも、これらは本気になればいつからでもできます。それよりは、学生の間にしかできないいろいろなことに精一杯挑戦してほしいです。私は、勉強も部活も、恋愛も友だちと遊んだことも、学生時代の経験はすべて今に活きていると感じています。

AIの魅力を広く知ってもらうことが使命です
これからのアプリにも期待してほしいです

－ 今できること －

ふだんの暮らし

情報処理について学ぶ機会を増やしましょう。技術の授業でパソコンの基本操作を学んだり、コンピューターやプログラミングに関する本を読んで情報を集めたりしてみてください。今は、小・中学生向けのプログラミングのワークショップがさまざまな場所で開催されているので、家族と相談して参加してみるのもよいでしょう。子ども向けの、プログラミングが学べるアプリもあります。小・中学生のうちに基礎知識を学んでおくと、より深く学びたいときに役立つでしょう。

数学 資料の活用の知識があると、数値のデータを解析するのに役に立ちます。数と式や関数の単元をしっかり学び、数学的な表現や処理の仕方を身につけましょう。

美術 アプリ開発には、デザインの力が必要です。造形的なよさや美しさ、デザインの働きについて知り、作品づくりを通して実践してみましょう。

技術 情報に関する授業で、計測や制御の基本的な仕組みを学び、情報処理の手順を考えて、簡単なプログラムを作成してみましょう。

英語 AI技術に関する最新情報はほとんどが英文で書かれています。英文を読むことに慣れておきましょう。

AI開発支援アプリの開発者

Developer of AI Support Application

FastLabel
姉川純一朗さん
入社2年目 30歳

AIシステムの開発が
もっと楽にできるように
お手伝いします

仕事を効率的に行うためにAIを活用したシステムの開発が注目されています。こうしたAI開発には、AIが学習するための大量のデータの準備が欠かせません。エンジニア※として、データの収集と加工に便利なアプリの開発を担う姉川純一朗さんにお話を聞きました。

用語 ※エンジニア ⇒技術者のこと。AI開発では、プログラミング技術を使ってソフトウェアなどを開発する人を指す。

Q AI開発支援アプリの開発者とは、どんな仕事ですか？

AIは人間の脳と同じように、学習を重ねることで判断能力や処理速度が向上します。FastLabelでは、AIを効率よく活用できるようになるためのアプリを開発しています。

例えば、農家の人が収穫に適したトマトを自分の目だけで判断しようとすると、時間がかかります。しかし、事前に栽培中の熟したトマトの大量の写真を使ってAIに学習させれば、収穫できるトマトをAIが判断できるようになります。これにより、人手不足や高齢化の対策へ貢献できるのです。

AIに学習させるのに必要なデータを「教師データ」とよびます。収穫できるトマトを判断するAI開発の場合、「これは熟れたトマトである」という情報を付加した画像が、教師データとなります。私たちは、この情報付加の作業を自動で行うアプリを開発しました。もちろんトマト以外でも、例えば傷のついたネジや熱中症の疑いのある作業員など、目的に応じた教師データの作成が可能です。このAI開発支援アプリを、より使いやすくするのが私の仕事です。

開発の手順は、まず、お客さまがAI開発の現場でかかえている課題を聞き取り、アプリに必要な機能を調べることから始めます。次に操作画面の使いやすさも考えながら、その機能を実際にアプリへ組みこむための設計をします。その後、プログラムを書いていきます。ほかの開発メンバーの意見ももらいながら、社内で承認されると一連の開発作業が完了します。

AI開発にはAIの力が必要です。私たちはAIの助けを借りながら、AI開発を支える便利なアプリをつくっています。

姉川さんのある1日

10:00	出社。社内のチャットツールのやりとりをチェックする
10:30	開発チームで打ち合わせ
11:00	設計・実装（プログラミング）作業
13:00	ランチ
14:00	社内打ち合わせ
15:00	アプリを使用している顧客から、改善の要望を聞き取る
16:00	設計・実装（プログラミング）作業
19:30	作業終了、退社

教師データを作成するアプリを使って、熟したトマトの画像に、情報を付加する作業のイメージ。従来はトマトの境界線を人が手作業で囲っていたが、アプリにAIを組みこむことにより、アプリが自動で境界線を判別できるようになった。

「教師データ」を使ったAI開発の仕組み

AI開発では、画像などのデータに情報を付加してAIに学習をさせる。この情報付加作業を「アノテーション」とよぶ。アノテーションされた大量のデータをAIが教師データとして学習することで、自らルールやパターンを見つけ出し、アノテーションがされていない画像を見ても予測して正解を導き出せるようになる。FastLabelでは、AIによる教師データ用画像生成とアノテーション作業を一貫して行うサービスも提供している。

画像を用意する → 「正解」の情報を付加する → 教師データ完成

アノテーションとは、例えば、「これは何？」という問題と「これは熟れたトマトです」という解答の情報をセットにして、画像データにひとつひとつあたえていく作業のこと。問題に対しては、画像のなかの実の熟れた部分だけを指定して「正解」とする。これが、教師データとなる。AIに学習させるには、この一連の作業を大量の画像に対して行う必要がある。

仕事の魅力

Q どんなところがやりがいなのですか？

お客さまがAI開発でかかえている課題を、自分のプログラミングを通して解決できるところです。提案の段階から私が担当しているので、お客さまにとって役立つ機能が追加でき、契約につながるとうれしいですね。

新しい機能を追加するとき、開発に取りかかってから短いものだと数日間、長いものでも1か月程度でお客さまが利用できるようになります。すぐに利用者の反応を見ることができる点も、やりがいにつながっていると感じています。

お客さまとオンラインで話をする。「話をよく聞いて、アプリに必要な機能を見極めます」

アプリを使っているお客さまから聞いた要望と、必要な設計について、エンジニアどうしで話し合う。

Q なぜこの仕事を目指したのですか？

大学時代は機械工学を学んでいましたが、就職活動中にはば広い分野の仕事に興味をもつようになり、IT企業のインターンシップに参加しました。初めてプログラミングに取り組んだところ、アプリを開発する経験がとてもおもしろく感じて、エンジニアを目指すようになったんです。卒業後はその会社に入社し、エンジニアとして経験を積みました。

FastLabelに転職したのは、ChatGPTが登場したタイミングでAIに可能性を感じ、AIに関わる仕事をしてみたいと思ったのがきっかけです。私の場合は、社会人になってからAIの分野に興味をもちました。

Q 仕事をする上で、大事にしていることは何ですか？

仕事の目的を見失わないことです。アプリの開発では、新たな機能を組みこむことで将来的に修正や改善が必要になる場合があります。「機能を追加すること」や「アプリをつくること」にばかり意識が向いてしまうと、機能を維持するのにお金がかかり、結局はお客さまの不利益になりかねません。目的が、農家の人手不足解消などの「課題を解決すること」にあることを忘れないようにしています。

お客さまから課題の本質を丁寧に聞き取ると、例えば機能の追加ではなく今ある機能の改良など、別の解決法が見えてくることがあります。そのためにも、できるだけ短い周期で開発作業をくりかえし、お客さまの反応を見ながら目的に沿っているかを確認するようにしています。

上司と雑談する姉川さん。「自宅での作業が多いときはあまり会えないので、会えたら話をするようにしています」

Q 今までにどんな仕事をしましたか？

FastLabel に入社する前は、アプリを開発する IT 企業2社で計5年間、エンジニアとしての経験を積みました。最初の会社では商品の販売数や在庫の管理をするアプリ、その次の会社では教育系アプリの開発にたずさわりました。

現在つとめている FastLabel では、「画像生成 AI のチューニング機能」を開発しました。画像生成 AI とは、文字列を入力すると、その文字列に対応した画像を AI が生成するものです。そのままでは無計画に画像が生成されるため、使う人がイメージする画像に近づくように調整する作業が簡単にできる機能を追加しました。この機能は、工場で傷のついたネジを AI が判別して自動で取り除く仕組みなどに役立っています。

・イヤホン・
・ノートパソコン・
・リストレスト・
・キーボード・
・マウス・

PICKUP ITEM

オンラインの打ち合わせではイヤホンを使う。一日中パソコンを使う仕事なので、外出先で仕事をするときにも使い慣れたキー配列のキーボードを持ち歩く。マウスを使う際の腕の負担が軽くなるリストレストも必需品だ。会社で仕事をするときには、外ばきから楽な室内ばきにはきかえる。

・室内ばき・

ノートパソコンでプログラミング作業をしている姉川さん。「プログラミング言語でひたすら書いていきます」

Q 仕事をする上で、難しいと感じる部分はどこですか？

テクノロジーは日々急速に進歩しているので、新しい情報に追いつくのが大変です。AI 業界はとくに移り変わりが激しいので、つねに情報収集をする必要があります。学習する習慣を身につけることと、SNS などで流行っていることやものをチェックするなどしてのりこえています。

社内で「Slack」というチャットツールを使っており、だれでも雑談のような気軽さで投稿することができます。見逃していた情報を知ることができるので、助かっています。

Q この仕事をするには、どんな力が必要ですか？

あたえられた課題を解決したいときに、ひとつの物事についてじっくり考えているだけでは先に進まないことがよくあります。そのため、「物事を抽象化する力」が必要です。「抽象化する力」とは、いくつもの情報のなかから共通する重要な要素をぬき出し、物事の本質をとらえて考える力のことです。例えば、ややこしい話を聞いて「つまりこういうこと？」と要約できる人は、抽象的思考力があるといえます。物事を大きな視点で見ることで、課題の解決に近づけます。

じつは小・中・高でプログラミング教育が必修化された理由のひとつに、抽象的思考を育む目的もあると聞きました。プログラミングの授業を受けて少しでも好きだ、楽しいと思える人は、この仕事に向いていると思います。

毎日の生活と将来

Q 休みの日には何をしていますか？

　家にいるときは、勉強やゲームをしています。趣味でエレキギターを弾いているので、その練習をしていることもあります。楽器にさわると、よいリフレッシュができます。

　妻や友人と外出することも多いです。妻とは、買い物に出かけたり、夜ご飯を食べに行ったり、カフェに行ったりしますね。家の近くを散歩したりもします。

「働くようになってから、ひとめぼれして買ったギターです。中学時代にギターを始め、今もときどき弾いています」

近所の公園でスケートボードをする。「バランスをとろうとする運動は、全身の筋肉を動かせるので運動不足に効きますね」

Q ふだんの生活で気をつけていることはありますか？

　アプリの開発は、座りっぱなしでパソコンに向かうことが多い仕事です。どうしても運動不足になりがちなので、意識的に体を動かすようにしています。先日肩が痛くなってしまい、これはまずいと思ってスポーツジムに通い始めました。週に何回か行っています。スケートボードをして体をほぐすのもよい効果があるようです。

　時間を効率よく使うために、ジムではトレーニングマシンを使って筋トレをしながらYouTubeを観ます。YouTubeで英語のリスニング学習やシャドーイング※を行っています。今は運動しながら動画を観るなど勉強することが簡単にできる時代なので、助かりますね。

姉川さんのある1週間

	月	火	水	木	金	土	日
05:00	睡眠	睡眠	睡眠	睡眠	睡眠		
07:00	準備	準備	準備	準備	準備		
09:00	出社 作業の確認など	出社 作業の確認など	出社 作業の確認など	出社 作業の確認など	出社 作業の確認など		
11:00	開発作業	開発作業	開発作業	開発作業	開発作業		
13:00	ランチ	ランチ	ランチ	ランチ	ランチ		
15:00	顧客ミーティング		設計に関するミーティング		設計に関するミーティング 顧客ミーティング		
17:00	開発作業	開発作業	開発作業	開発作業	開発作業	休日	休日
19:00	採用面談		チームミーティング				
	帰宅・食事など	帰宅・食事など	帰宅・食事など	帰宅・食事など	帰宅・食事など		
21:00							
23:00							
01:00	睡眠	睡眠	睡眠	睡眠	睡眠		
03:00							
05:00							

この週は月曜日から金曜日まで出社。規則正しい生活を送っている。アプリ開発の作業と、開発のためのさまざまなミーティングをくりかえす1週間だ。

用語　※ シャドーイング ⇒英語を聞きながら、それをまねして発音する通訳訓練法。

Q 将来のために、今努力していることはありますか？

「FastLabelは、できて5年目の新しい会社です。お客さまを増やして会社の価値を高めようと、みんなでがんばっています」

　将来は海外でも働けるエンジニアになりたいと思っているので、英語の勉強に力を入れています。そのほか、技術力向上のためにプログラミング言語のPythonを勉強中です。つとめているFastLabelには学習支援制度があり、書籍代を補助してくれるので利用しています。

　また、リファクタリングという技術に興味があります。これは、できあがっているプログラムを整理・再設計するという技術です。これまでは完成したプログラムには手を加えないのが一般的でしたが、整理するなどして手を入れれば、問題が起きたときに早く処理ができる、またシステムを安定して長く使えるなどのメリットがあります。アプリの機能や働きに影響をおよぼさない範囲内で改善を行うリファクタリングの概念は、エンジニアとして必要な心構えとなるかもしれません。

姉川さんが読んでいるプログラミング言語Pythonについての書籍。Pythonには、ほかのプログラミング言語にくらべてシンプルな文法が使われているといわれている。

Q これからどんな仕事をし、どのように暮らしたいですか？

　私たちの仕事は「AI開発を支援するためのAI開発」なので、たとえお客さまのつくった商品やサービスが有名になっても、私たちの名前が表に出ることはありません。しかし、社会の基盤をつくる重要な仕事だと思っています。

　働くからには、自分が得意なことを活かして社会に貢献したいですね。例えばフリマアプリ※の「メルカリ」が登場したことで個人が簡単にモノの売り買いを楽しめるようになり、世の中の人の生活が便利に、快適になりました。私も「これが出て世の中が変わった」と言われるような、社会に大きなインパクトをあたえる仕事をしてみたいです。

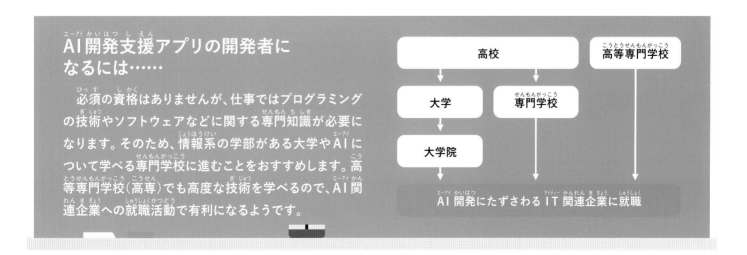

AI開発支援アプリの開発者になるには……

　必須の資格はありませんが、仕事ではプログラミングの技術やソフトウェアなどに関する専門知識が必要になります。そのため、情報系の学部がある大学やAIについて学べる専門学校に進むことをおすすめします。高等専門学校（高専）でも高度な技術を学べるので、AI関連企業への就職活動で有利になるようです。

高校 → 大学 → 大学院
高校 → 専門学校
高等専門学校

AI開発にたずさわるIT関連企業に就職

用語　※フリマアプリ ⇒ フリーマーケットアプリケーションの略。オンライン上で個人間による物品の売買を行えるアプリのこと。

子どものころ

Q 小学生・中学生のとき、どんな子どもでしたか?

好きなことややるべきことに関しては、とことん集中するタイプでした。中学1年生のときに「ダレン・シャン」というファンタジー小説のシリーズにのめりこみ、1か月間すべての空き時間を注いで全12巻を読み終えました。あまりに熱中してしまい、家族に心配をかけた記憶があります。

勉強は好きだったので授業中は集中して、その場できちんと理解しようとしていました。好きだった科目は理科の実験と英語です。英語の授業のうち、文法の時間は2割程度で、残り時間はシャドーイングとディクテーション※に当てられていました。授業がおもしろかったので、英語はあまりテスト勉強をしなくてもよい点数がとれていました。宿題は学校の休み時間に終わらせるなど、当時から課題に対して時間を有効に使うのが得意でした。

今も変わらないのですが、朝に弱く、いつも遅刻ぎりぎりで登校していました。1か月のうちに3回遅刻すると昼休みに窓掃除をするというペナルティがあり、毎月、窓掃除をしていました。

中学校ではサッカー部に所属。上の写真は、前列の右端が姉川さん。左の写真は左から2番目。休みの日は、部活の仲間とよく遊んでいた。

姉川さんの夢ルート

小学校 ▶ パイロット

職業調べでパイロットの給料が高いと知ったため。

▼

中学校 ▶ 医者、物理学者

医療系や物理学系のドラマを見て感化された。

▼

高校・大学 ▶ 技術職の会社員

地元に重工業の大企業があったので、重工業の技術職に就きたいと考えていた。

▼

大学院 ▶ ソフトウェアエンジニア

就職活動時、IT業界に興味をもった。

中学校の合唱コンクールで歌う姉川さん。「わりと熱心に、部活の前に練習をしていました」

Q 子どものころにやっておけばよかったことはありますか?

子どものころからプログラミングの経験を積んできたエンジニアを見ていると、積み重ねてきたものがちがうな、と圧倒されることがあります。また、最新の情報を得るために海外の記事や論文を読むときに、英語力は重要です。プログラミングも英語も継続的に学習すればするほど実力が身につくので、子どものころからやっておけばよかったと思うことがあります。

私はすべてを暗記してテストをのりきるタイプで、英語に関しても教科書にある文章をすべて暗記していました。中学時代にもどれるなら、ちがう学習法を試してみたいです。

用語 ※ディクテーション ⇒英語の音声を一語一句書き取るトレーニング。

Q 中学のときの職場体験は、どこに行きましたか?

中学1年生のとき、コンビニエンスストアでレジ打ちや、品出し、スイーツのPOP※を作成する仕事を体験しました。期間は1週間で、体験先は自分たちで調べて、先生に手配をしてもらいました。

また、中学3年生のときに長崎大学の研究室を見学しました。液体や気体など形の変わる物体の運動をあつかう「流体力学」の研究をしている研究室でした。実験を見せてもらったり、教授に話を聞いたりしたことを覚えています。

Q 職場体験ではどんな印象をもちましたか?

コンビニエンスストアでの仕事はレジ打ちくらいしか知りませんでしたが、ほかにもたくさんの仕事があることがわかりました。

長崎大学の研究室に見学に行ったことで、「将来はきっと大学に進学するのだろう」と漠然と思っていたことが具体的にイメージできるようになりました。実験する大学生を見てあこがれがふくらみましたね。

どちらも、当時の自分の視野を広げてくれた体験で、将来を考えるきっかけや原点になっていると思います。

Q この仕事を目指すなら、今、何をすればいいですか?

英語の勉強をしっかりやることと、パソコンにたくさんふれることです。また、自分でプログラムを作成して、身近な困り事を解決する体験をしてみてほしいです。最近はアニメーションやゲームをつくりながら楽しくプログラミングを学べる教材があるので、最初の一歩としておすすめです。

AIと聞くと難しそうなイメージがあるかもしれませんが、私の会社にもAIに関する仕事の経験がなく入社した社員がたくさんいます。翻訳機能や掃除ロボット、車の自動運転など、身近でAIが使われている例を探してみて、生活にとけこんでいることを感じてもらえたらうれしいです。

縁の下の力持ちとして、たくさんの会社が大きな仕事をするための土台づくりに貢献します

－ 今できること －

ふだんの暮らし

AI開発支援アプリの開発には、コンピューターに関する知識が必要です。WindowsやMacOSなど基本のソフトウェアの知識が不可欠なので、パソコンに触る機会を多くもつようにしましょう。さらに、できるだけ多くのプログラミング体験を積みましょう。プログラミングができる無料のWEBサービスなどもあり、今後これらのサービスがさらに充実するはずです。また、AI技術に関するニュースに関心をもち、世の中の動きをチェックしましょう。

数学 論理的に考える力が必要になります。文章問題に取り組む際に、問題文の情報を整理して解答の手順を考えるくせをつけましょう。

理科 AI開発アプリを使う顧客の要望を理解するには、あらゆる基礎知識が必要です。天体、人体、物理など、さまざまな分野の基礎をしっかり学びましょう。

技術 「情報の技術」でプログラミングを学習します。社会や私たちの生活における問題を、計測や制御のプログラミングを使って解決へ導く工程を理解しましょう。

英語 プログラミング言語には英語の要素が使われます。海外での仕事にも役立つので、基礎を身につけましょう。

用語 ※POP⇒商品売り場に設置されている広告や展示物のこと。

内視鏡AI開発者
Endoscope AI Developer

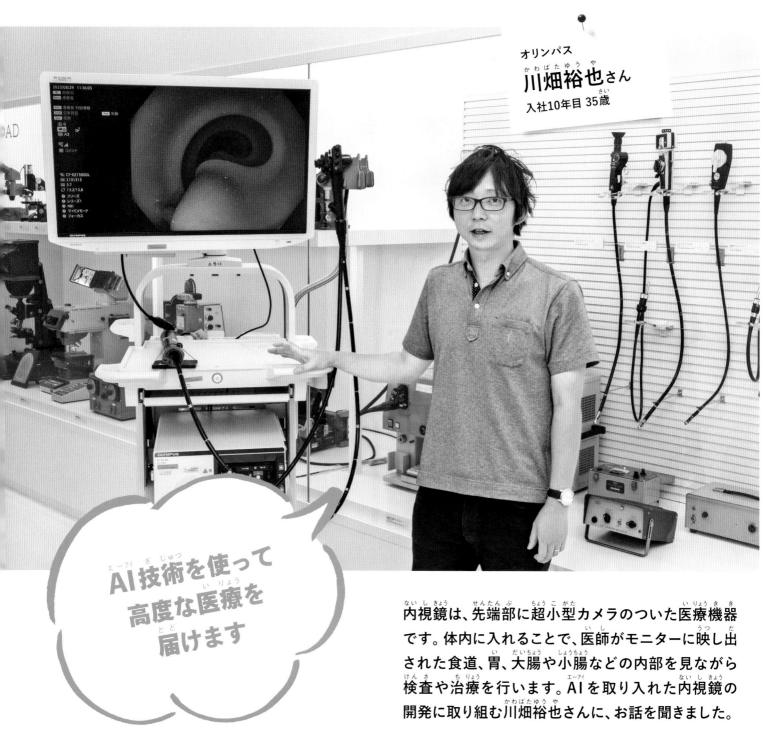

オリンパス
川畑裕也さん
入社10年目 35歳

AI技術を使って
高度な医療を
届けます

内視鏡は、先端部に超小型カメラのついた医療機器です。体内に入れることで、医師がモニターに映し出された食道、胃、大腸や小腸などの内部を見ながら検査や治療を行います。AIを取り入れた内視鏡の開発に取り組む川畑裕也さんに、お話を聞きました。

Q 内視鏡AI開発者とはどんな仕事ですか？

私は、医療分野の精密機器をつくるオリンパスという会社で、エンジニアとして内視鏡AIの開発を担当しています。

内視鏡は、超小型カメラのついた細い管を患者さんの体のなかに入れて臓器のようすを直接観察する機械です。従来の内視鏡にAIの技術を加えることで、見落としがちだった病変※の発見の補助や、悪性のがんに進行するおそれの有無を判断する手助けができるようになりました。

AIは、大腸ポリープや胃がんなどの病変ごとにソフトウェアがあり、おもに、その病変の画像を大量に学習させることで性能を高めます。私は、それらのソフトウェアを開発するプロジェクトマネージャーとして約10人のチームをまとめ、開発のスケジュールや費用の管理などを行っています。

チームのメンバーには、AIの学習用データを病院から集める人、医療機器としての安全性を考える人、ソフトウェアのプログラムをつくる人（エンジニア）などがいます。開発の流れとしては、まず、内視鏡AIを使う熟練の医師にも協力してもらい、ソフトウェアへの要望などを聞き取ります。これらの人たちとともに、AIに安全で高い性能をもたせるための方法を考えます。それから開発のゴールを定め、プロジェクトを推進するのが私の仕事です。

内視鏡AIを使えば、どんな地域でもどの病院でも、患者さんは高度な検査を受けることができます。AIが医師の手助けをすることで医療の効率が上がり、より多くの患者さんの命を救うことにつながるのです。

川畑さんのある1日（リモートワーク）

- 09:00 勤務開始。メールを確認する
- 10:00 資料作成
- 12:00 ランチ
- 13:00 社内の研修（オンライン）
- 15:00 AI開発プロジェクトチームの技術会議にオンラインで参加する
- 18:00 医師とオンラインで打ち合わせ
- 19:00 勤務終了

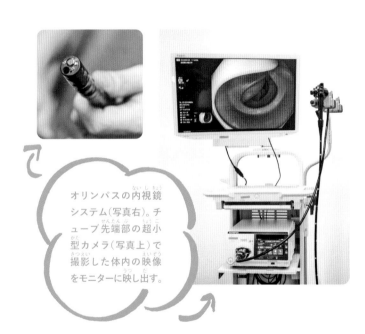

オリンパスの内視鏡システム（写真右）。チューブ先端部の超小型カメラ（写真上）で撮影した体内の映像をモニターに映し出す。

内視鏡AI開発の流れ

❶ プロジェクトを企画する

内視鏡AIに新しく必要とされるソフトウェアについて、文献やデータを調べたり、医師から要望を聞いたりする。

❷ ソフトウェアの要件を固める

内視鏡AIで新しく診断を手助けしたい臓器や病気の種類を特定し、開発するソフトウェアの内容を決定する。その上で必要な機能を定める。

❸ ソフトウェアのプログラムをつくる

開発する内容にしたがい、エンジニアがソフトウェアのプログラムをつくる。同時に、画像収集メンバーが病院から病変の大量の画像を集める。これがAIの学習用データになる。

❹ 病変の画像をAIに学習させる

AIに病変の大量の画像を学習させる。それによって、患者の体内の異常箇所が実際に病変であるかどうかや、悪性のがんに進行するおそれの有無を、AIが自ら判断できるようになる。

❺ 開発したソフトウェアを検証する

協力先の医師に、開発したソフトウェアの性能を確かめてもらう。同時に、患者や病院にリスクがないか、また法律的な問題がないかを十分に検証する。

用語 ※ 病変 ⇒ 病気によって現れる変化。

仕事の魅力

Q どんなところが やりがいなのですか？

患者さんの救命に貢献できていると思えるところです。仕事で直接患者さんに会うことはありません。でも、医師が研究結果や担当した症例を発表する学会で、その研究や治療にオリンパスの製品が使われていることを知ったときは、「このように役に立っているんだな」とわかってうれしいです。

また、今手がけているAIは、複数の病院と共同で研究しながら開発を進めています。協力先の病院へ定期的に現在の状況を報告するのですが、報告を聞いた医師から「性能が上がったね」と言われたときも、やりがいを感じましたね。

開発チームのメンバーで打ち合わせをする。「チームワークがもっとも大切です」

AI内視鏡の仕組みについて丁寧に説明をしてくれる川畑さん。

Q なぜこの仕事を 目指したのですか？

学生時代に将来について考え、自分にとって働くとは何かを深く追究しました。そのとき出した答えが、「働くとは社会貢献すること」でした。何をするのがもっとも社会貢献になるのか、また自分がやりたいことは何かをさらに考え、人の命にたずさわることだと結論を出しました。そこで、とくに興味のあった医療の分野に進もうと決めたんです。

医療分野の仕事でぱっと思いつくのは医師ですが、直接、診療や手当てをすることのできる人数には限りがあります。一方、メーカーに就職して医療に関する製品をつくる仕事ならより多くの人の役に立てますし、自分のつくったものを世界中に広めることができます。大学で工学系の勉強をしていたことから、その知識を活かして医療機器の研究開発職に就きたいと思うようになり、オリンパスに就職しました。

Q 仕事をする上で、大事に していることは何ですか？

患者さんの役に立つかどうかをすべての判断基準にしています。診断を手助けするはずのAIが、実際に病変があるのに病変を見つけられなかったり、病変がないのに誤って病変と判断してしまったりすると、AIを使用する医師、患者さんは困ります。そのため、高性能なAIが求められます。

チームワークも大事にしています。医療の法律にくわしい、プログラムをつくるのがうまいなど、メンバーにはそれぞれ得意な分野があるので、それを引き出していくことでプロジェクトをより円滑に進められると思うからです。

リモートワークが多いので、出社時には、久しぶりに顔を合わせるスタッフと、できるだけ話をする。

Q 今までに どんな仕事をしましたか？

私は、大学院を卒業してすぐにこの会社に入社しました。最初にまかされたのが、カプセル内視鏡の画像認識技術の開発です。カプセル内視鏡は、おもに腸のなかを観察する機器で、カメラの入ったカプセルを飲みこむと、腸の粘膜を撮影しながら体のなかを進み、排出されます。私は、医師がカプセル内視鏡を使った検査をする際に、診断がしやすくなる技術の開発をしました。その後、現在の内視鏡AIの開発を担当しています。

医療に関する知識は学校では学んでこなかったので、実際の仕事を通して少しずつ身につけています。

会社のフリースペースで作業をする。「ここで作業もしますが、考え事をしていることもありますね」

Q 仕事をする上で、難しいと 感じる部分はどこですか？

AIはまだ新しい技術なので、評価の基準が定まっていないところです。医療機器なので性能や安全性など非常に高い品質を求められるのですが、まだ「この数値をこえていれば合格」のような線引きがありません。開発する上で目指すべき数値がはっきりしないのは、難しいと感じます。

また開発は、仮説を立てて進め、うまくいかなかったらその原因を考えて修正する作業のくりかえしですが、AIのような新しい技術だと「こうすればこうなるだろう」という予測が立てづらい点も難しいところです。高品質のAIをつくるには、この仮説と検証を何度も行う必要があります。開発にはどうしても長い年月がかかってしまい、つらいと感じることもあります。

Q この仕事をするには、 どんな力が必要ですか？

人の意見に耳をかたむけた上で判断する力、何が現在の課題かを把握する力、などあった方がいい力はたくさんありますが、私がもっとも必要だと感じているのは「筋道を立てて考え、やりぬく力」です。

ひらめきや直感も大切ですが、AIを開発する上では、「これがこうなるから、こういうことが起きる。だからこうする」という論理的な考え方が重要になります。論理的思考の方が、ぬけや見落としがなく、結果的に自分たちが求める、性能が高くて安全なAIに早くたどり着けると考えています。

もちろん、AIの性能を高める方法を検討する際に、「こうやったらいいかもしれない」とひらめいたアイデアを試してみることもあります。でも、そのときも思いついてすぐに試すのではなく、本当に求める結果が出せるかどうか、いちど筋道を立てて考えてから、試しています。

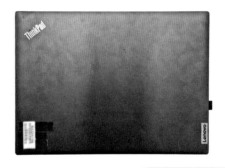

・ノートパソコン・

・パソコン用カメラ・

・ヘッドホン・

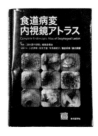

・参考書・

PICKUP ITEM

仕事のほとんどをパソコンで行う。オンライン会議が多いので、パソコン用カメラとヘッドホンが必需品だ。内臓の病変の写真がたくさんのっている参考書も、病変発見などの支援を行うAI技術開発に役立つ。

毎日の生活と将来

Q 休みの日には何をしていますか？

　家族や友人と出かけることが多いです。行き先はさまざまですが、映画を観に行く、話題のお店にラーメンを食べに行く、アウトレットに買い物に行く、などをして過ごします。外出をしない休日には、英会話など自分自身の成長につながる勉強をしています。

　長期の休みで旅行に行ったときや帰省したときには、よく温泉に入ります。私の実家は鹿児島県で、県内の霧島温泉というところが大のお気に入りです。

「息子の写真をたくさん撮るので、AIに学習させ、息子を検出するAIのアプリを勉強をかねてつくってみました」と川畑さん。青い枠は、AIが見事に息子さんを見つけているしるしだ。

「家族4人で暮らしています。みんながそろうと、にぎやかです」

Q ふだんの生活で気をつけていることはありますか？

　仕事では筋道を立てて論理的に考えることが大切なので、この思考ぐせが自分のなかにしみついています。けれど、家庭でも理屈っぽいとうまくいかないことが多いと気づきました。そのため、私生活ではできるだけ感情を豊かにもつように心がけています。いつもの思考ぐせから意識的に自分を解放して、頭のなかと体をゆるめる時間をつくります。自然の多い場所ではリラックスできるので、五感でいろいろなものを感じ取りやすくなりますね。

	月	火	水	木	金	土	日
05:00							
	睡眠	睡眠	睡眠	睡眠	睡眠		
07:00							
	食事	食事	食事	食事	食事		
		出社	出社				
09:00							
	メール確認	メール確認	メール確認	メール確認	メール確認		
11:00	資料作成など	打ち合わせ（情報共有）	打ち合わせ（進捗報告）	打ち合わせ（進捗報告）	資料作成など		
	食事	食事	食事	食事	食事		
13:00	研修	研修	資料作成など	課題整理	研修		
15:00	企画担当者と打ち合わせ	資料作成など	計画・費用管理	技術担当者と打ち合わせ	技術検討	休日	休日
17:00		技術検討			メール確認		
	医師と打ち合わせ	進捗報告準備	進捗報告準備	技術検討			
19:00	メール確認	メール確認	メール確認	メール確認	食事		
	食事	帰宅	帰宅	食事			
21:00		食事	食事				
	勉強	勉強	勉強	勉強			
23:00							
01:00							
	睡眠	睡眠	睡眠	睡眠	睡眠		
03:00							
05:00							

川畑さんのある一週間

週に5日間働く、規則正しい生活を送っている。この週は3日間自宅でリモートワークをし、2日間出社した。医師との打ち合わせや学会参加のために外出することもある。

Q 将来のために、今努力していることはありますか？

　1日30分、オンラインで英会話のレッスンを受けています。AIの開発は海外の支社とも協力して行うため、アメリカやヨーロッパの人と打ち合わせをすることがあります。とくに、プロジェクトマネージャーになってから、英語での発表や質疑に応じる機会も出てきたため、必要にせまられて習い始めました。

　30分でも毎日話していると自信や度胸がつきます。メールでのやりとりよりも、直接話した方が意図が伝わりやすいということも実感できるようになってきました。しかし、会議は医療の専門的な内容であることもあり、まだ聞き取れないこともあります。これからもレッスンを続けて、もっと上達したいです。

会社の研究所のエントランスにて。「AIを使った医療機器の分野を、発展させたいです」

オンラインで英会話のレッスンを受ける川畑さん。「毎回、ちがう先生と話すようにしています」

Q これからどんな仕事をし、どのように暮らしたいですか？

　現在は先進国向けのAI開発をしていますが、将来的には開発途上国向けのAI開発に挑戦したいです。医療機器は高価ですし、AIは開発にお金がかかるため、開発途上国では導入することが難しい場合が多いです。高度な医療そのものをお金持ちの人しか受けられない現実があるので、そういった国向けに安価なAI医療機器を開発すれば、分けへだてなく高度な医療を提供できるようになります。

　新しいものをいちからつくるとなるとお金がかかるので、すでにあるソフトウェアを一部変更したり、機能をシンプルにしたりするなどの工夫をして、世界中に高度な医療が行き届くようにしたいと考えています。

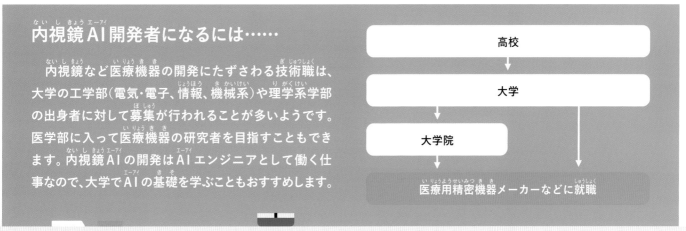

内視鏡AI開発者になるには……

　内視鏡など医療機器の開発にたずさわる技術職は、大学の工学部（電気・電子、情報、機械系）や理学系学部の出身者に対して募集が行われることが多いようです。医学部に入って医療機器の研究者を目指すこともできます。内視鏡AIの開発はAIエンジニアとして働く仕事なので、大学でAIの基礎を学ぶこともおすすめします。

```
高校
 ↓
大学
 ↓        ↓
大学院      ↓
 ↓        ↓
医療用精密機器メーカーなどに就職
```

子どものころ

Q 小学生・中学生のとき、どんな子どもでしたか？

　小学生のとき、父の仕事の都合で何回か転校しました。そのため自分から声をかけて友だちをつくることが多く、物おじせずに人に話しかけられるようになりました。

　運動が好きで、昼休みはいつも校庭でドッジボールをしていました。小学6年生のときには、友だちにさそわれてバレーボールの大会に参加してハマってしまい、中学校ではバレーボール部に入りました。

　中学3年生の最後の大会の直前に、部長が骨折してしまったことがあります。副部長だった自分を中心に作戦を立て直して試合に勝ったことが、よい思い出ですね。限られた時間のなか、みんなでよく話し合い、一致団結できたことが勝因でした。このときにチームワークの大切さを実感しました。また、いく度もの転校によって身についたコミュニケーション能力は、多くの人と協力しつつプロジェクトを進めていく今の仕事でとても役に立っています。

　勉強については、暗記することが多い科目よりも、数学や物理など考え方を理解して問題を解く科目が好きでした。

部活が終わった後に、校庭で友人と撮った写真。右が川畑さん。

川畑さんの夢ルート

小学校・中学校 ▶ 公務員

安定した職業だと、家族にすすめられた。

▼

高校 ▶ 技術者

数学と物理がおもしろかった。また兄が工学部に進学し、自分も興味をもった。大学案内にのっている全国の大学について目を通したところ、工学・医学の分野がおもしろそうに感じた。

▼

大学・大学院 ▶ 医療機器エンジニア

自分が興味をもっていて、さらにもっとも社会貢献できる分野を考えた。

中学校の卒業式の日に、クラスメイトと教室で撮った写真。

マンガ『ワンピース』が大好きだった。「子どものころから、わくわくするようなバトルマンガや冒険マンガが好きでした」

Q 子どものころにやっておけばよかったことはありますか？

　英会話は、やっておけばよかったと思います。学校の英語は読み書きが中心ですが、社会に出て活躍するには話す力や聞き取る力が重要だな、と感じています。

　また、学生のころは「筋道を立てて考える」と意識することはなく、「あれがやりたい」「これはいやだ」と感性にしたがって行動しがちでした。働くようになって、社会人は論理的に考えて動くことが求められるのだと知りました。早いうちに論理的思考にも慣れておくことが必要だと思います。

Q 中学のときの職場体験は、どこに行きましたか?

中学2年生のときに、1日だけ旅行会社に職場体験に行きました。体験先の候補には、花屋さん、保育園、ガソリンスタンド、ホテルなど数多くありました。私は、旅行に行きたいから旅行会社について知りたいな、くらいの気持ちで行き先を選びました。体験では、観光ツアーのチラシをお店の前を通る人に配る、店内に置かれているチラシを補充するなどの手伝いをさせてもらいました。

Q 職場体験ではどんな印象をもちましたか?

社員の方が、お客さんにとても丁寧に対応しているなと感じました。対面でのやりとりの丁寧さだけではなく、チラシの置き方ひとつにしても、お客さんがつねに気持ちよく店内にいられるように、と考えて整頓されているのだと教えてもらいました。

当たり前のことですが、中学生は社会の恩恵を受けるばかりで、自分がサービスを提供する側に立ったのは初めての経験でした。「お客さんの立場に立って考える」という言葉は聞いたことがありましたが、こういうことなのか、と実感できて新鮮でした。

Q この仕事を目指すなら、今、何をすればいいですか?

「誠実さ」を身につけておいてほしいです。私は、何がよいか悪いかを自分で判断でき、よいと判断したことを実行することが誠実さだと考えています。だれかに言われたからやるのではなく、自分なりの判断基準をもって行動することが大切だと思います。

勉強面では、数学は大事です。AIの論文の内容を実際に試してみることがあるのですが、必ず数式を使います。単に公式を暗記するのではなく、何をしたくてその計算をするのかという「考え方」を理解するような勉強をしておくと、「これを求めたいならこの公式を使えばよい」と応用がきくようになります。

医療の手が足りていない場所へ、精度の高い医療機器を届けていきたいです

− 今できること −

ふだんの暮らし

内視鏡AI開発のプロジェクトマネージャーは、医療界から求められていることの本質を把握しながらメンバーをまとめ、推進する役割を担います。医療機関を受診した際には病院で働く人の仕事を観察し、医療技術にはどんなものがあるのか調べてみましょう。

また、ゲノム(遺伝子)解析による疾病診断やロボットによる手術支援、新薬の開発など、医療分野におけるAIの可能性は無限に広がっています。新しい医療技術に関するニュースに関心をもちましょう。

国語 感覚だけではなく、論理的な思考が必要な仕事です。説明文を多く読んで、文の構成を学びましょう。

数学 数学の知識がデータ解析に欠かせません。数と式や関数の単元で数式の意味をきちんと理解し、数学的な表現や考え方を身につけておきましょう。

技術 情報に関する技術の授業で、コンピューターを利用した計測や制御の基本的な仕組みを学び、情報処理の手順を考えながら簡単なプログラムを作成しましょう。

英語 海外の医師や技術者と共同で開発することもあり、英語でのやりとりが必須です。リスニング、スピーキングともに基礎をしっかりと身につけましょう。

配膳ロボットの企画担当者

Delivery Robot Planner

ソフトバンクロボティクス
大矢捺美さん
入社7年目

飲食店で使いやすい
配膳ロボットを
企画し、提案します

飲食店では、AIやロボットなどのデジタル技術の活用により、業務の改善が進んでいます。飲食店での配膳をロボットが行うことで人手不足を解消する取り組みも、そのひとつです。配膳ロボットの企画担当をしている大矢捺美さんに、お話を聞きました。

Q 配膳ロボットの企画担当者とはどんな仕事ですか？

飲食店で料理などを運ぶ配膳ロボットの企画や販売に関する仕事をしています。AIを組みこんだ配膳ロボットに店内の配置を学習させると、行き先を入力するだけで自動でルートを選んで料理を運びます。多くの料理をいちどに運べるので、複数のテーブルに届けることもできます。

私のおもな仕事は、海外のメーカーでつくられた配膳ロボットを日本の飲食店に合うように改良することなどです。ロボットを希望する飲食店の要望を聞いて、必要な機能や改善点を海外のメーカーに伝え、日本向けの製品をつくってもらいます。日本の店は海外にくらべて面積が小さく通路もせまい場合が多いので、ロボットの設定を変える必要があるのです。また、例えばレシートのあつかいやチップ※の習慣の有無により、海外では必要でも日本では使いにくい機能があるので、その場合も仕様の変更を依頼します。

ロボットの改良プロジェクトはチームで行うため、私はプロジェクト全体の進行管理もまかされています。社内の技術者や営業担当者と連携しながらスケジュールを管理し、完成したロボットを販売するための資料づくりも担います。

日本の多くの飲食店では人手不足が課題になっており、配膳ロボットを求める会社は多いです。私たちは、配膳ロボットに限らず、AIやデジタル技術を活用した飲食店でのさまざまな新しいサービスも考えています。飲食店を営む多くの会社と協力しながら課題解決をしていく上で、AIなどのデジタル技術は欠かせません。

大矢さんのある1日

09:00	出社。メールをチェックし、返信する
09:30	打ち合わせに向け確認事項をまとめる
10:00	プロジェクトチームの打ち合わせ
11:00	営業担当者向け資料の作成
12:00	ランチ
13:00	営業担当者と打ち合わせ
14:00	配膳ロボットの新機能のチェックと、リリース（完成発表）に向けた準備
17:00	市場における配膳ロボットへの要望を整理する
18:30	退社

大矢さんがおもに企画を担当している配膳ロボット。中国のメーカーが製造しているもので、軽量で小まわりがきくタイプ。

© KEENON Robotics | SoftBank Robotics

配膳ロボットの企画・開発・販売の流れ

❶ ロボットを選んで、必要な機能を考える

中国やアメリカのメーカーでつくられた配膳ロボットについて、日本の飲食店で役立つかを検討し、取りあつかうロボットを選ぶ。次に、日本向けに必要な機能を考え、仕様に変更が必要かを検討する。海外生産のロボットには日本で使用するのに適していない機能があるためだ。

❷ メーカーに仕様の変更を依頼する

例えば中国では、料理といっしょに運ばれてきたレシートをトレーに残す習慣があるが、日本にはない。そのため、レシートの有無を感知して動くロボットの機能に変更が必要だ。そのような習慣のちがいも把握しながら、ソフトウェアの仕様の変更を依頼する。

❸ テストを行い、完成発表をする

海外のメーカーから、仕様が変更されたソフトウェアを受け取る。ロボットにインストールし、要望の通りにできているか社内でチェックする。さらに、飲食店でもロボットを動かしてテストする。安全性をふくめ確認ができたら、完成発表となる。

❹ 営業用資料を準備する

営業担当者がロボットについて説明するための資料をつくる。また、ロボットの使いやすさを説明した動画もつくる。ロボットは、発売した後にさらに改良することもある。

用語 ※ チップ ⇒飲食店などで、従業員によるサービスに対して客が支払うお金。

仕事の魅力

Q どんなところが やりがいなのですか？

海外メーカーの担当者に要望が正しく伝わり、お客さまの希望以上のことが実現したときにやりがいを感じます。

私が担当している配膳ロボットは当初、1店舗につき1〜2台で使う前提でつくられていました。ところが日本のお客さまから、2台では足りないので5〜6台を同時に使いたいと要望がありました。そこでお客さまと何度も話し合い、店内のルートやロボットの動きのパターンを整理し、ロボットどうしがぶつからずに動ける設定を提案したんです。

設定とその理由を根気強く海外のメーカーに伝え、改良を依頼した結果、10台を同時に動かすことに成功しました。お店で働く人のほとんどが調理などほかの業務に専念できるようになり、お客さまに喜ばれて私もうれしかったです。

納品予定の配膳ロボットの仕様を、営業担当スタッフと確認する。「お客さまによって必要な機能がちがうので、必ず確認を行います」

配膳ロボットの導入を考えているお客さまから、必要な機能について話を聞く。

Q なぜこの仕事を 目指したのですか？

営業代行会社※にいたときに、Pepperの販売を担当したことがきっかけです。ロボットは私にとって身近なものではなかったのですが、「人型ロボット」が市販されるということに目新しさと魅力を感じました。働くうちに、このような革新的な技術に関係する仕事をしたいと思うようになったんです。そこで、ソフトバンクロボティクスに就職し、メーカー側の立場でPepperを販売する仕事をしました。

Pepperの営業担当としてお客さまからの要望などを企画や開発の担当者に伝えているうちに、自分もロボットを開発する側になってみたいと考えるようになりました。

Q 仕事をする上で、大事に していることは何ですか？

お客さまからの要望を言葉そのままに受けとるのではなく、要望の背景にはどんな困り事があるのか、深く考えるようにしています。お客さまの「○○がしたい」という具体的な要望は、多くの場合、解決方法のなかの一案でしかありません。そのため、問題の本質をとらえることが大事です。

スピードも大切です。2014年にPepper（ペッパーくん）※を発表して以来、私たちの会社は日本のロボット市場では先駆け的な存在だという誇りがあります。より多くの飲食店と契約していきたいので、物事の優先順位を見極めながら、企画・開発のスピードも意識しています。

「Pepperとの出会いから、私とロボットのつきあいが始まりました。ロボットの開発はおもしろい仕事です」

用語 ※Pepper（ペッパーくん）⇒ソフトバンクロボティクスの人型ロボット。

Pepperはソフトバンクロボティクスの登録商標です

Q 今までに どんな仕事をしましたか？

大学を卒業後、クレジットカード会社に入社しました。お客さまの要望を受けてオリジナルの海外旅行プランをつくり、宿や交通機関のチケットを手配する仕事をしました。

やりがいのある仕事でしたが、学生時代の友人や同僚から、会社などの法人を相手に営業をする話を聞くうちに、個人を相手にする仕事とはまったくちがう「会社が会社にものを売る」という仕事に興味がわきました。そこで営業代行会社へ転職し、さらにソフトバンクロボティクスへ移って、今、配膳ロボットの企画にたずさわっています。

飲食店で働く人に、配膳ロボットの使い方を説明する大矢さん。

Q 仕事をする上で、難しいと 感じる部分はどこですか？

チーム間の連携をとることが難しいです。例えば、飲食店の要望を集める営業担当と、配膳ロボットに追加する機能を考える企画担当では、意見が食いちがうことがあります。営業側は、多くの契約をとるため、少しでも早く、多くの要望を取り入れたい。対して企画側は、予算やスケジュールに限りがあり、すべての希望は叶えられない、などのようにそれぞれの立場があります。両者の要望をすべて叶えるのは難しいので、もっとも大切なことを探り当てて注力します。

Q この仕事をするには、 どんな力が必要ですか？

市場のことをよく調べて考える力が必要です。私はつねに、どんな商品が世の中に必要か、それはほかの商品と何がちがうのかという意識でものを見るようにしています。例えば、どこかでロボットを見たら、その機能を観察するだけではなく、「この機能をこう変えたらもっと便利になりそう」「AI技術を配膳ロボットにも活かせそう」などと考えます。それらをさらによくするためには、自分の仕事に活かすには、という視点をもち続けることが重要です。

また、計画を立ててやりきる力も必要です。仕事も勉強も、きっちり計画を立てても、その通りに進まないことはよくあります。大切なのはゴールにたどり着くことなので、私は途中で計画がくるったら、そこからもういちど立て直せばいいと考えます。計画通りではないからとやる気をなくしてやめてしまうのではなく、立て直して最後までやりきる、というくせを、学生のうちから身につけておくといいと思います。

・ノートパソコン・

・スマートフォン・

PICKUP ITEM

会社から貸与されているノートパソコンとスマートフォン。海外のメーカーとのやりとりも、社内でのやりとりも、お客さまとのやりとりも、このふたつがあれば可能だ。

用語 ※ 営業代行会社 ⇒ 企業に代わって営業活動を行う会社。商品などをただ売るだけではなく、どうやったら売れるかなどの戦略を立てる部分からたずさわることが多い。

Q 休みの日には何をしていますか？

料理をすることが好きなので、週末はドラマや映画を観ながら料理をします。お酒を飲みながらゆったりした気持ちで韓国ドラマを観ることも多いですね。もともとは母が韓国ドラマを好きだったのですが、いっしょに観ているうちに私も好きになりました。

ウォータースポーツにもハマっていて、友人と川や湖でウェイクボード※などを楽しんでいます。ただ、泳ぎが苦手なので、特訓をしているところです。

「愛犬の"ジュピター"です。散歩は毎日欠かしません。いっしょにキャンプへ連れて行くこともあります」

「私がつくった鶏肉のソテーです。つくるのも食べるのも大好きです」

ボクシングに励む大矢さん。「かなりの運動量で、毎回汗だくです」

Q ふだんの生活で気をつけていることはありますか？

毎日は出社せず、週の半分はリモートワークをする働き方をしています。そうすると運動不足になりがちなので、積極的に体を動かすようにしています。犬を飼っているので、その散歩もかねてウォーキングは毎日していますね。仕事の合間にちょっと外を歩くことで、リフレッシュもできます。

ボクシングジムにも通っています。ボクシングというとパンチなど上半身の動きのイメージが強いですが、じつはずっとステップをふみ続けているので全身の筋肉を使います。毎回かなり筋肉痛になりますが、ストレス発散になってとても楽しいです。

大矢さんのある1週間

時間	月	火	水	木	金	土	日
05:00	睡眠	睡眠	睡眠	睡眠	睡眠		
07:00	準備	準備	準備	準備	準備		
09:00	出社		オンラインMTG	移動(現場直行)	移動(現場直行)		
11:00	資料作成	ロボットでソフトウェアの新機能確認	社内交渉など／オンラインMTG	完成ソフトウェアの実店舗テスト	完成ソフトウェアの実店舗テスト		
13:00	在宅ランチ	同僚とランチ	在宅ランチ				
15:00	社内交渉など	資料作成	オンラインMTG	オンラインMTG	移動(帰宅)		
17:00	オンラインMTG	オフラインMTG 退社	犬の散歩／社内交渉など	移動(帰社)／オフラインMTG 退社	休憩／資料作成	休日	休日
19:00	食事・犬の散歩	キックボクシング	食事	犬の散歩	犬の散歩		
21:00	入浴など	食事・犬の散歩	入浴など	食事・犬の散歩	友人と食事		
23:00		入浴など		入浴など	入浴など		
01:00							
03:00	睡眠	睡眠	睡眠	睡眠	睡眠		
05:00							

出社の日と自宅でリモートワークの日、また飲食店の現場へ直接向かう日の3パターンがある。仕事の後には、犬の散歩やキックボクシングの時間をとっている。

用語　※ウェイクボード ⇒ボードに乗り、ロープの先をつないだモーターボートなどにひっぱってもらいながら水面をすべるウォータースポーツ。

Q 将来のために、今努力していることはありますか？

　できるだけ外に出て、はば広く情報を収集するようにしています。仕事をしているとどうしても、自分のいる業界や会社を基準に物事を考えがちになります。企画の仕事をするには、多くの視点をもっていた方がよいアイデアが浮かびますし、今の仕事には直接関係のない情報でも、将来企画のヒントになるかもしれません。ですので、ロボットの仕事に関係が有るなしにかかわらず、多くの人と出会える交流会やイベントにできるだけ参加して、視野を広くもつようにしています。

　また、中国語を習いたいと思っています。中国のロボットメーカーと仕事をしているので、よりスムーズにやりとりができるようになりたいからです。

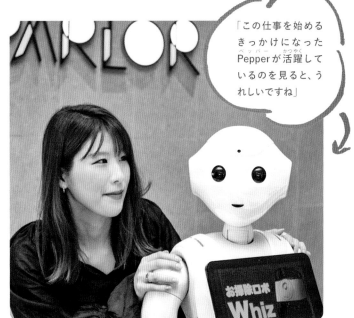

「この仕事を始めるきっかけになったPepperが活躍しているのを見ると、うれしいですね」

「だれにでも操作しやすいタッチパネルにするために、つねに改善を考えます。生活のなかでふれるさまざまなパネルも参考になります」

Q これからどんな仕事をし、どのように暮らしたいですか？

　ロボットやAIなどの新しい技術で、社会貢献をするプロジェクトにたずさわりたいです。私がいちばんやりたいのは、「持続可能な未来をつくるために、最新の技術と環境保護を結びつけた仕事をすること」です。今、せっかく最新の技術に関わる仕事をしているので、将来はこの経験を、みなさんやこれから生まれてくる子どもたちが快適に暮らせる地球環境をつくるために活かしていきたいんです。

　今後、さらに新しい技術が生まれて、その技術を環境問題の解決に役立てられるのであれば、ロボットやAIにこだわらず、そちらの道に進んでいくかもしれません。

配膳ロボットの企画担当者になるには……

　大学に進学する場合は、ロボットと関わりが強い機械工学や電気・電子工学、情報工学などを学べる学部や学科に進学し、専門知識を身につけておくと有利になるでしょう。ロボット工学を学べる専門学校で学ぶのもおすすめです。またマーケティングなど経済や経営の知識を身につけられる学校を選ぶのもよいでしょう。

```
高校
 ↓
大学 → 専門学校
 ↓
大学院
 ↓
ロボットをあつかう企業やメーカーに就職
```

子どものころ

Q 小学生・中学生のとき、どんな子どもでしたか？

スポーツが好きな子どもでした。中学生のとき入っていたバドミントン部は、姉が所属していたからという理由で何となく入部したのですが、入ってみると学校でいちばん厳しい部活で、体力的にも精神的にもかなりきたえられました。あまりの厳しさに逃げ出したくなることもありましたが、試合で勝ったときに味わう達成感はとても大きいものでした。今でも「つらくてもやりきった先には喜びがある」という気持ちで仕事に取り組めるのは、このときの経験があったからだと思います。

また、体育祭では応援団員として学ランを着て盛り上げるなど、学校行事にも参加していました。積極的にイベントを楽しむタイプでしたね。

部活動が中心の生活だったので塾には通っていませんでしたが、授業をまじめに受けていました。テスト期間に集中して勉強することで、定期試験もだいたいの教科で平均点以上はとっていたと思います。社会科の歴史関係がとくに好きでした。

大矢さんの夢ルート

- 小学校 ▶ お花屋さん、ケーキ屋さん

身近にあるお店にあこがれた。

▼

- 中学校 ▶ ホテリエ

職場体験でホテルへ行き、かっこよく仕事をするホテリエにあこがれた。

▼

- 専門学校・短期大学 ▶ キャビンアテンダント

インターンシップで空港で働く経験をした。

中学時代、放課後の教室で友人たちと。右から4番目が大矢さん。

バドミントン部の県大会で入賞し、表彰されたときの写真。前列左から2番目が大矢さん。

Q 子どものころにやっておけばよかったことはありますか？

好きなことや得意なことを見つけ、それをとことん追究して勉強や練習をしておけばよかったなと思っています。私は、テストではどの教科も平均点以上はとっていました。もちろん、すべてのことがある程度できるというのも大切なことだとは思います。でも、ずばぬけてこれが得意と言えるものは少なかったと記憶しています。

今の会社に入って、機械や電気、プログラミングなど、いろいろな方面のとても深い知識と技術をもった人たちに出会いました。彼らを尊敬すると同時に、何かひとつ「これはだれにも負けない」というものがあると、大人になったときに武器になるのだな、と感じます。

Q 中学のときの職場体験は、どこに行きましたか？

中学2年生のときに2日間、学区内にあるホテルへ職場体験に行きました。希望制ではなく、割りふられて、同級生3人で行った記憶があります。1日目は客室内をきれいに整えてお客さまをむかえる準備をするハウスキーピングを、2日目はホテル館内の清掃を体験しました。

Q 職場体験ではどんな印象をもちましたか？

ホテルは広いし、自分のためではなくお客さまのための清掃なので気をつかう部分も多く、作業自体は大変でした。でも、受付や接客を見学させてもらったときに見た接客のプロの姿や、館内ですれちがった際に中学生の私たちにも優しく声をかけてくれるスタッフの姿を見て、ホテルで働くことにあこがれるようになりました。

この経験を経て、高校卒業後はホテリエや客室乗務員を目指すための専門学校に進学しました。専門学校で学ぶうちに旅行関連の仕事がしたいと考えるようになり、クレジットカード会社の旅行手配の職に就きました。こう考えると、中学校での職場体験は、私の進路を決める大きな転換点になったと思います。

Q この仕事を目指すなら、今、何をすればいいですか？

新しい情報に目を向け、いろいろなことを知ろうとすることが大切です。新しい企画を考えるには、頭のなかにより多くの引き出しをもっているほうがよいので、いつも「情報を集めよう」という意識でいることが、将来役立つはずです。

ロボットに関することで言えば、プログラミングなどのIT の知識はもちろん大切です。けれど、ソフトウェアやアプリなどは、オンライン上の道具であり、「モノ」としての姿はありません。ロボットは機械のかたまりとしてそこにあるものなので、その点が大きくちがいます。ですので、機械や装置などに関する勉強もしておくとよいと思います。

最先端の技術の力を、みんなが幸せに生きる社会のために役立てたいです

ー 今できること ー

ふだんの暮らし

身のまわりにある機械や装置、AI を用いたサービスを観察してみましょう。飲食店で働く配膳ロボットをはじめ、病院や商業施設、家のなかでもロボットが活躍するようになってきました。それらの働きや仕組みを、本やインターネットで調べてみるとよい勉強になります。また、ニュースなどを見て今の社会がかかえる問題やできごとについて調べ、どのようなロボットがあればより便利になるかを想像してみましょう。学校に科学部やパソコン部があれば、活動に参加しましょう。

国語 相手の話をよく聞き、考えをくらべながら聞く力、相手の立場を尊重して話し合う力を養いましょう。

社会 社会に貢献できるロボット商品を企画するために、地球環境や資源・エネルギー、産業などの解決すべき課題を探求し、自分の考えをまとめましょう。

技術 材料と加工に関する技術やエネルギー変換に関する技術の単元で、機械や装置の基本的な仕組みを理解しましょう。情報に関する技術の単元では、プログラム作成の基礎を学ぶことができます。

英語 英語をたくさん聴いて、リスニングに慣れましょう。英語を使って自分の考えを話すことに挑戦しましょう。

AI専門メディア編集長

Chief Editor of AI - Focused Media

ディップ
小澤健祐さん
職歴8年目 28歳

「人間とAIが共存する社会をつくる」ことを目標に、情報を発信しています

ディップという会社では、AIに関する話題を専門に取りあつかうWEBメディア『AINOW』を運営しています。『AINOW』の編集長として記事の作成などに取り組み、AIの可能性やおもしろさについて発信する小澤健祐さんに、お話を聞きました。

Q AI専門メディア編集長とはどんな仕事ですか？

AIに関する研究が急速に進み、新しい技術が日々生まれています。ぼくが編集長をつとめる『AINOW』は、そうしたAI技術に関する最新情報をインターネットで発信し、世間に伝えるメディアです。ぼくは編集長として、編集部で働くインターンシップの学生たちをまとめ、彼らが書いたすべての記事に目を通します。論理的におかしな箇所がないか、AI専門メディアとして発信する価値のある専門的な情報となっているかを確認するのが、おもな役目です。

AIについての新しい情報を得ることが、『AINOW』の重要な仕事です。研究者に会って話を聞いたり、AIを使った製品の開発者に話を聞いたりして情報を得ます。情報が集まったら、編集会議を経て、執筆する内容を決めます。

記事のまとめ方は、「注目のニュース」「インタビュー」「コラム」など、コーナーごとにちがいます。「注目のニュース」では、例えば海外の巨大IT企業による新しいAI技術の開発など、できごとをありのままに伝えます。「インタビュー」では、AIを積極的に活用している企業にインタビューし、取り組み内容をわかりやすくまとめて発信します。製造業界、教育業界などの特定の業界でAI技術をどのように利用できるのか、さらにAIが社会の仕組みを変える可能性について、くわしい人にインタビューすることもあります。

ぼくは、AIに関するイベントやラジオ番組で、編集長としてAI関連の最新情報について話す仕事も行います。取材を通して得た情報を、ぼく自身の言葉で伝えています。

小澤さんのある1日

10:00	仕事開始。メールチェックなどをする
12:00	ランチ
13:00	編集部のオンラインミーティング
14:00	取材へ出かける
18:00	帰宅後、AI技術に関するイベントでスピーチするための資料をつくる
19:00	オンラインイベントでAI技術の最前線についてスピーチする
20:00	外食する
22:00	『AINOW』の原稿チェック・SNSでの情報収集
23:00	仕事終了

『AINOW』のインタビュー記事のWEBページ。だれでも無料で、AI技術開発の最先端にいる人たちの話が読める。

『AINOW』記事配信の流れ

❶ 情報収集を行う
SNSでAIについて発信されていることを調べる。情報収集にAIを使うこともある。発信するニュースの種になる情報を見つけたら、技術開発を行う企業や研究者に話を聞きに行く。

❷ 書く記事のテーマと、記事のねらいを定める
得られた情報のなかから、『AINOW』がAI専門メディアとして世の中に伝えるべきなのはどの情報かを考える。編集会議で話し合い、書く記事のタイトルを決める。

❸ 編集部で記事を執筆する
編集部員が記事を執筆する。書き方についてアドバイスが必要なときは、編集長がアドバイスする。

❹ できた記事をチェックする
記事にまとまりがあるか、つじつまが合っているか、AI専門メディアとしての記事の質を保っているかを編集長が確認する。不足や誤りがあれば、執筆した部員に修正を指示する。

❺ 記事を配信する
編集部員が、完成した記事を『AINOW』のWEBサイトにアップロードする。これまでに配信した記事は、約1000件にのぼる。

仕事の魅力

Q どんなところが やりがいなのですか？

ぼくは中学生のころから、社会の仕組みや成り立ちに興味をもっていました。社会科で学ぶ選挙の仕組みを何の苦もなく覚えましたし、今も国会中継を見るのが好きです。だから、社会をがらりと変えそうなAI技術の発展にわくわくしますね。

今、仕事の効率化をはかるためにAIを活用しようという会社が増えています。また、AIを使った新しいサービスを生みだそうとする人もたくさん出てきています。ぼくの発信する記事がAIに関心を寄せる人たちの役に立つことで、よりよい社会づくりに貢献できたらうれしいです。

作業スペースに『AINOW』のスタッフを見つけた。「スタッフとは積極的に情報交換しています」

Q 仕事をする上で、大事に していることは何ですか？

流れているニュースに誤解や誤りがないかを確かめる作業が大事です。ぼくは必ず、情報のもととなる開発者や、サービスを生み出した会社による発信を確かめた上で、事実を見極め、発信しています。

すべてのメディアに共通することですが、取り上げる情報を選び、発信するための言葉を選ぶ時点で、完全な中立の立場で発信することはできません。だから、『AINOW』は、自分たちの意見をもったAI専門メディアであり続けたいです。「AIの技術を伝えることでこんな社会をつくりたい」という『AINOW』の軸をきちんと読者に伝えて、共感してもらえるなら、ぼくたちの発信する情報に意味があると思います。

Q なぜこの仕事を 目指したのですか？

高校1年生のときに、放送部で映像作品の制作をしたのがきっかけです。県内の団地に住む高齢者の「孤独死」をテーマにして、ドキュメンタリー作品をつくったんです。部室で毎日、長い時間をかけて撮影した動画の編集をするうちに、撮影やメディアの仕事に興味をもちました。放送部に入ったのは、交通事故にあい、それまで入っていたテニス部での活動ができなくなったからです。こう考えると、何が将来を方向づけるきっかけになるか、わからないものです。

ぼくは人にしかれたレールに従って動くのがきらいなので、受験勉強はしませんでしたし、大学でも就職活動をしませんでした。オンライン教育を行っている会社で、インターンシップで働く経験はしました。そのときに、今の上司から『AINOW』の仕事に誘われたんです。AIのことはわかりませんでしたが、おもしろそうだと思って就職を決めました。

ディップの社屋にある、見晴らしのよい喫茶スペースで仕事をする小澤さん。「決まった席はないので、ここで休憩もして、仕事もします」

MAKE THEM ALL COME TRUE
WE HAVE AN IDEA
WE WANT TO COMMUNICATE
BRAND NEW CONCEPTS
WE HA
WE WANT TO TA

ディップの広報担当の社員と雑談。「編集長として取材を受けることが多くなったので、窓口となる広報担当者との接点が増えました」

ノートパソコンがあればいつでもどこでも、記事の執筆や原稿の確認が可能だ。

Q 今までにどんな仕事をしましたか?

『AINOW』の仕事を始めたころは、まだ、一般の人が目にする情報は多くありませんでした。そこで、AIの技術がどのくらい進んでいて、どんな場面で利用されているのか、専門家の話を聞いて学びながら記事を作成していました。

AIに関する理解が深まり、2023年に『生成AI導入の教科書』という本の執筆に挑戦しました。AIによって効率よく仕事をする方法を紹介した本で、実例を見せるために、AIを使って文を書き上げました。ぼくは伝えたいことをおおまかにAIに入力し、文を作成する作業をAIにまかせたんです。おかげでぼくの手間は大はばに減り、企画から約3か月という短期間で本が発売されました。

Q 仕事をする上で、難しいと感じる部分はどこですか?

AIについてよく知らない人にわかってもらえるように書くことが難しいです。AI技術にたずさわる人だけでなく、一般の人にも読んでもらいたいと考えているので、記事中で、世の中の人がふだん使わないような用語・言いまわしを避けることは大前提です。けれども、AIにまつわる言葉には難しい専門用語が多いので、苦労しています。

また、AIの技術は、進化のスピードが圧倒的に速いです。気をぬくとすぐに自分の知識が古くなってしまいます。つねに学び続ける姿勢が大切ですが、いくら学んでも終わりがないので、大変ですね。

Q この仕事をするには、どんな力が必要ですか?

単独で見ると別々に見えるできごとも、広い視野で見直すと、どこかに共通点やつながりがあるものです。日々、いろいろなニュースが伝えられていますが、そのなかにも、AIを使えば解決できそうな話題や、発展しそうな事柄がたくさんあります。物事の表面だけを見るのではなく、本質を見抜く力が、AI専門メディアとして発信するために欠かせないと思います。

人間関係をつくっていく力も、必要です。ぼくが言うのは、友だちをつくる能力ではありません。多くの人に信頼される記事を発信する仕事を、ともに実現するためのよい関係は、親密であればあるほどよいというわけではありません。相手にとって自分がどういう存在なのかを感じとった上で、適したふるまいをすることが、よい仕事につながると思います。

• ノートパソコン •

• 名刺 •

PICKUP ITEM

小澤さんが愛用しているノートパソコン。画面に映っているのは小澤さんの自己紹介ページだ。AI専門メディアの編集長だけでなく、SDGs専門メディアの編集長やAIベンチャー企業の顧問、ほかにもいくつも仕事をしているため、名刺が何種類もある。

毎日の生活と将来

Q 休みの日には何をしていますか?

写真を撮るのが好きなので、カメラを持って散歩に出かけたり、知人と食事に行ったりします。外に出かけるとそれまでになかった考え方や発想が生まれるのを感じますし、リフレッシュできますね。たまに、旅行に行くこともあります。先日、沖縄県の離島である宮古島に行きました。

ぼくは、自分が見たことや体験したことは、すべて大切な情報だと思っているので、休日であっても、感覚的には仕事の日と変わりません。むしろ、より多くの経験を得られる貴重な仕事日だと考えています。

「夕飯はほとんど、外で食べます。会社のメンバーや知り合い、新しく知り合った人とも行きます。いっしょに肉を焼くのも楽しいですね」

「宮古島で撮った写真です。沖縄の空と海の深い青色を写真に収めることができました」

Q ふだんの生活で気をつけていることはありますか?

自分にはない考え方をもっている人と積極的に話をして、視野を広げるようにしています。さまざまな職業の人たちが集まっている街で、知らない人と話をします。街での偶然の出会いから、まったく知らない世界の話を聞くことができ、興味がつきません。

人と話していて気づいたのは、人は自分の知っている世界のなかでしか物事を見ないということです。職業を選ぶときも、無意識に、自分が知っている仕事のなかから選んでいます。よりよいものに出合うには、知識を増やし、選択肢を多くもち、チャンスを増やすことが大切だと考えています。

	月	火	水	木	金	土	日
05:00 / 07:00	睡眠	睡眠	睡眠	睡眠	睡眠		
09:00	朝食・準備	朝食・準備	朝食・準備	朝食・準備	朝食・準備		
11:00	メール確認・情報収集	メール確認	メール確認・情報収集	メール確認・情報収集	メール確認		
13:00	ランチ	メディアの取材を受ける	ランチ	ランチ	イベントでスピーチ		
	編集部のミーティング	ランチ	メディア企業Aのミーティング	編集部のミーティング	ランチ		
15:00	取材へ出かける	オンライン取材			ベンチャー企業Bのミーティング		
			取材へ出かける	原稿チェック			
17:00		原稿チェック		イベントでスピーチ	本の執筆	休日	休日
19:00	スピーチの資料作成		原稿チェック	メディア企業Bのミーティング			
	イベントでスピーチ	ベンチャー企業Aのミーティング			オンライン取材		
21:00	外食	夕食	外食		外食		
23:00	原稿確認・情報収集	取材原稿のチェック	情報収集	外食	原稿確認・情報収集		
				スピーチの資料作成			
01:00							
03:00	睡眠	睡眠	睡眠	睡眠	睡眠		
05:00							

小澤さんのある1週間

AI専門メディアの編集長だけでなく、いくつもの会社の顧問や編集長をつとめているので多忙をきわめる。そのなかでも小澤さんは、外食などで人と交わる時間を欠かさない。

Q 将来のために、今努力していることはありますか?

AIは、暮らしを豊かにしてくれるとても便利な技術です。しかし世の中には、新しい技術を不安に思い、受け入れられない人がたくさんいます。そうした人たちにもAIのよさを知ってもらいたいので、そのためには、ぼく自身が社会的に信用されて、発信する言葉に注目が集まる存在になりたいと思っています。

今は何にでも挑戦し、自分に自信をつけていくことが大事だと考えています。挑戦の一例として、本の出版がありました。AIを活用して、AIについての本を書くという初めての試みでしたが、この本のおかげでぼくのことを知ってくれる人が増えました。いろいろなメディアでも取り上げてもらえて、発信力も増したと感じています。

「ぼくが所属するディップでは、人材育成の仕事も行っています。小学生に向けた職業体験プログラムも提供しています」

2023年9月に出版された小澤さんの著書『生成AI導入の教科書』(ワン・パブリッシング)。AIの力を借りて1か月で原稿を書き、企画から3か月で出版した。このスピードも話題になっている。

Q これからどんな仕事をし、どのように暮らしたいですか?

いずれは自分の会社をつくり、経営者として安定した資産をつくりたいです。そして、これまで通り自由にAIについて発信し続けるのが、理想の暮らしです。ぼくにとってAIは、わくわくする未来を見せてくれる存在です。自分が好きなものを語ることでお金をかせぎ、社会の仕組みをよりよく変えることにも貢献できたらよいと思います。

そのためには、自分自身が社会のなかで価値ある存在として認められなければなりません。AI技術の話に限らず、自分の考えを世の中に発信し続けるための、効率のよい仕組みをつくりたいです。その方法も考えているところです。

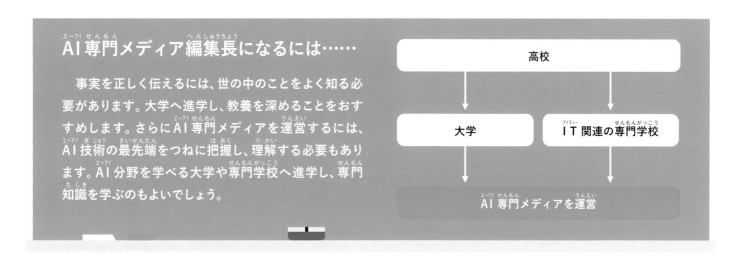

AI専門メディア編集長になるには……

事実を正しく伝えるには、世の中のことをよく知る必要があります。大学へ進学し、教養を深めることをおすすめします。さらにAI専門メディアを運営するには、AI技術の最先端をつねに把握し、理解する必要もあります。AI分野を学べる大学や専門学校へ進学し、専門知識を学ぶのもよいでしょう。

高校
↓   ↓
大学   IT関連の専門学校
↓   ↓
AI専門メディアを運営

子どものころ

Q 小学生・中学生のとき、どんな子どもでしたか？

　昆虫が好きで、祖父母の家に行くと、つかまえてきたセミを家の中で飛ばして遊んでいました。祖父母や両親は、そんなぼくを怒ることなく見守り、何でもやらせてくれましたし、さまざまな場所に連れて行ってくれました。好奇心旺盛なぼくの個性を、まわりの大人たちが上手にのばしてくれたんだと思います。

　幼稚園や学校でも、興味のおもむくままに行動していました。幼稚園のみんなと動物園へ行ったときは、両腕を女の子たちにつかまれながら歩いていましたね。つかまえていないと、ぼくがどこかへ行ってしまうからです。小学校1、2年生のときは集中力が続かず、座っていられなかったので、授業中にいつも注意されていました。

　落ち着いたのは、中学生になって学級委員をまかされたことがきっかけかもしれません。やってみると、意外にうまくいってうれしかったんです。ぼくはとにかく、好奇心のかたまりのような子どもだったため、知識を得ることが楽しくて勉強が好きになりました。とくに英語は得意でしたね。

　グループ内での自分のあり方を考えるようになったのもこのころからです。集団にとけこみたいと思ったことはないのですが、みんなのなかでの自分の立ち位置を考えるようになりました。

「4歳くらいのころ、近所のお祭りで神輿をかつぎました。父と妹と撮った写真です」

「中学生のときに、親戚の結婚式に両親と行きました」

小澤さんの夢ルート

小学校 ▶ 虫博士

とにかく虫が好きだった。体育でドッジボールをしている最中に、外野スペースに移動しながらも、セミを探していた。

▼

中学校 ▶ とくになし

将来の夢はとくに考えていなかった。

▼

高校 ▶ とくになし

受験勉強などで人と競争するのがいやだった。自分だけのポジション（立ち位置）をつくるほうがおもしろそうだと思っていた。

▼

大学 ▶ 世の中の仕組みを変える仕事をする

特定の職業は考えていなかった。

幼稚園の運動会にて。「自由に好きなことをさせてくれる幼稚園でした」

Q 子どものころにやっておいてよかったことはありますか？

　幼少期に、好奇心を刺激するさまざまな体験をたくさんさせてもらえたことが、何よりもよかったと思います。毎日同じおもちゃで遊んで、ご飯を食べて寝るだけの生活だったら、ぼくの旺盛な好奇心は育たなかったかもしれません。

　はたから見ると、ぼくは社会に適合しにくいタイプの子どもと思われそうですが、両親や祖父母は悲観せず、好きなことを好きなだけやらせてくれました。このころ「将来はいつでもどうにかなる」という楽観性を身につけられたのも、よかったです。

【取材協力】

株式会社picon　https://picon-inc.com/
FastLabel株式会社　https://fastlabel.ai/corporate/
オリンパス株式会社　https://www.olympus.co.jp/
ソフトバンクロボティクス株式会社　https://www.softbankrobotics.com/jp/
ディップ株式会社　https://www.dip-net.co.jp/

【写真協力】

つくば市立みどりの学園義務教育学校　p47

【解説】

玉置 崇（岐阜聖徳学園大学教育学部教授）　p46-47

【装丁・本文デザイン】

アートディレクション／尾原史和（BOOTLEG）
デザイン／坂井 晃・角田晴彦・加藤 玲（BOOTLEG）

【撮影】

杵嶋宏樹　p4-11、p20-35
土屋貴章　p12-19、p36-43

【執筆】

安部優薫　p4-11、p20-35
酒井理恵　p12-19
和田全代　p36-43

【イラスト】

フジサワミカ

【企画・編集】

佐藤美由紀・山岸都芳（小峰書店）
常松心平・鬼塚夏海（303BOOKS）

キャリア教育に活きる!
仕事ファイル46
AIの仕事

2024年4月6日　第1刷発行

編　著　小峰書店編集部
発行者　小峰広一郎
発行所　株式会社小峰書店
　　　　〒162-0066　東京都新宿区市谷台町4-15
　　　　TEL 03-3357-3521　FAX 03-3357-1027
　　　　https://www.komineshoten.co.jp/
印　刷　株式会社精興社
製　本　株式会社松岳社

©Komineshoten 2024 Printed in Japan
NDC 366　48p　29×23cm
ISBN978-4-338-36604-5